**Password book**

this book belongs to :

WEBSITE ⊕	....
LOGIN ⛉	....
PASSWORD 🔒	....
NOTES	....

WEBSITE ⊕	....
LOGIN ⛉	....
PASSWORD 🔒	....
NOTES	....

WEBSITE ⊕	....
LOGIN ⛉	....
PASSWORD 🔒	....
NOTES	....

WEBSITE	
LOGIN	
PASSWORD	
NOTES	

WEBSITE	
LOGIN	
PASSWORD	
NOTES	

WEBSITE	
LOGIN	
PASSWORD	
NOTES	

WEBSITE ⊕	....
LOGIN	....
PASSWORD	....
NOTES	....

WEBSITE ⊕	....
LOGIN	....
PASSWORD	....
NOTES	....

WEBSITE ⊕	....
LOGIN	....
PASSWORD	....
NOTES	....

WEBSITE	
LOGIN	
PASSWORD	
NOTES	

WEBSITE	
LOGIN	
PASSWORD	
NOTES	

WEBSITE	
LOGIN	
PASSWORD	
NOTES	

WEBSITE	....
🌐	....
LOGIN	....
👤	....
PASSWORD	....
🔒	....
NOTES	....
📋	....
	....

WEBSITE	....
🌐	....
LOGIN	....
👤	....
PASSWORD	....
🔒	....
NOTES	....
📋	....
	....

WEBSITE	....
🌐	....
LOGIN	....
👤	....
PASSWORD	....
🔒	....
NOTES	....
📋	....
	....

WEBSITE	
LOGIN	
PASSWORD	
NOTES	

WEBSITE	
LOGIN	
PASSWORD	
NOTES	

WEBSITE	
LOGIN	
PASSWORD	
NOTES	

WEBSITE	
LOGIN	
PASSWORD	
NOTES	

WEBSITE	
LOGIN	
PASSWORD	
NOTES	

WEBSITE	
LOGIN	
PASSWORD	
NOTES	

WEBSITE	
LOGIN	
PASSWORD	
NOTES	

WEBSITE	
LOGIN	
PASSWORD	
NOTES	

WEBSITE	
LOGIN	
PASSWORD	
NOTES	

WEBSITE	
LOGIN	
PASSWORD	
NOTES	

WEBSITE	
LOGIN	
PASSWORD	
NOTES	

WEBSITE	
LOGIN	
PASSWORD	
NOTES	

WEBSITE	
LOGIN	
PASSWORD	
NOTES	

WEBSITE	
LOGIN	
PASSWORD	
NOTES	

WEBSITE	
LOGIN	
PASSWORD	
NOTES	

WEBSITE	
LOGIN	
PASSWORD	
NOTES	

WEBSITE	
LOGIN	
PASSWORD	
NOTES	

WEBSITE	
LOGIN	
PASSWORD	
NOTES	

WEBSITE	
LOGIN	
PASSWORD	
NOTES	

WEBSITE	
LOGIN	
PASSWORD	
NOTES	

WEBSITE	
LOGIN	
PASSWORD	
NOTES	

WEBSITE	
LOGIN	
PASSWORD	
NOTES	

WEBSITE	
LOGIN	
PASSWORD	
NOTES	

WEBSITE	
LOGIN	
PASSWORD	
NOTES	

WEBSITE	....
	....
LOGIN	....
	....
PASSWORD	....
	....
NOTES	....
	....
	....

WEBSITE	....
	....
LOGIN	....
	....
PASSWORD	....
	....
NOTES	....
	....
	....

WEBSITE	....
	....
LOGIN	....
	....
PASSWORD	....
	....
NOTES	....
	....
	....

WEBSITE	
🌐	....
LOGIN 👤	....
PASSWORD 🔒	....
NOTES	....

WEBSITE	
🌐	....
LOGIN 👤	....
PASSWORD 🔒	....
NOTES	....

WEBSITE	
🌐	....
LOGIN 👤	....
PASSWORD 🔒	....
NOTES	....

WEBSITE	
LOGIN	
PASSWORD	
NOTES	

WEBSITE	
LOGIN	
PASSWORD	
NOTES	

WEBSITE	
LOGIN	
PASSWORD	
NOTES	

WEBSITE	
LOGIN	
PASSWORD	
NOTES	

WEBSITE	
LOGIN	
PASSWORD	
NOTES	

WEBSITE	
LOGIN	
PASSWORD	
NOTES	

WEBSITE	....
	....
LOGIN	....
	....
PASSWORD	....
	....
NOTES	....
	....
	....

WEBSITE	....
	....
LOGIN	....
	....
PASSWORD	....
	....
NOTES	....
	....
	....

WEBSITE	....
	....
LOGIN	....
	....
PASSWORD	....
	....
NOTES	....
	....
	....

WEBSITE	....
LOGIN	....
PASSWORD	....
NOTES	....

WEBSITE	....
LOGIN	....
PASSWORD	....
NOTES	....

WEBSITE	....
LOGIN	....
PASSWORD	....
NOTES	....

WEBSITE	....
	....
LOGIN	....
	....
PASSWORD	....
	....
NOTES	....
	....
	....

WEBSITE	....
	....
LOGIN	....
	....
PASSWORD	....
	....
NOTES	....
	....
	....

WEBSITE	....
	....
LOGIN	....
	....
PASSWORD	....
	....
NOTES	....
	....
	....

WEBSITE 🌐	....
LOGIN 👤	....
PASSWORD 🔒	....
NOTES 📋	....

WEBSITE 🌐	....
LOGIN 👤	....
PASSWORD 🔒	....
NOTES 📋	....

WEBSITE 🌐	....
LOGIN 👤	....
PASSWORD 🔒	....
NOTES 📋	....

WEBSITE	....
	....
LOGIN	....
	....
PASSWORD	....
	....
NOTES	....
	....
	....

WEBSITE	....
	....
LOGIN	....
	....
PASSWORD	....
	....
NOTES	....
	....
	....

WEBSITE	....
	....
LOGIN	....
	....
PASSWORD	....
	....
NOTES	....
	....
	....

WEBSITE	....
LOGIN	....
PASSWORD	....
NOTES	....

WEBSITE	....
LOGIN	....
PASSWORD	....
NOTES	....

WEBSITE	....
LOGIN	....
PASSWORD	....
NOTES	....

WEBSITE	
LOGIN	
PASSWORD	
NOTES	

WEBSITE	
LOGIN	
PASSWORD	
NOTES	

WEBSITE	
LOGIN	
PASSWORD	
NOTES	

WEBSITE	
LOGIN	
PASSWORD	
NOTES	

WEBSITE	
LOGIN	
PASSWORD	
NOTES	

WEBSITE	
LOGIN	
PASSWORD	
NOTES	

WEBSITE	....
🌐	....
LOGIN	....
👤	....
PASSWORD	....
🔒	....
NOTES	....
📋	....
	....

WEBSITE	....
🌐	....
LOGIN	....
👤	....
PASSWORD	....
🔒	....
NOTES	....
📋	....
	....

WEBSITE	....
🌐	....
LOGIN	....
👤	....
PASSWORD	....
🔒	....
NOTES	....
📋	....
	....

WEBSITE	....
	....
LOGIN	....
	....
PASSWORD	....
	....
NOTES	....
	....
	....

WEBSITE	....
	....
LOGIN	....
	....
PASSWORD	....
	....
NOTES	....
	....
	....

WEBSITE	....
	....
LOGIN	....
	....
PASSWORD	....
	....
NOTES	....
	....
	....

WEBSITE ⊕	....
LOGIN	....
PASSWORD 🔒	....
NOTES	....

WEBSITE ⊕	....
LOGIN	....
PASSWORD 🔒	....
NOTES	....

WEBSITE ⊕	....
LOGIN	....
PASSWORD 🔒	....
NOTES	....

WEBSITE 🌐	....
LOGIN 👤	....
PASSWORD 🔒	....
NOTES 📋	....

WEBSITE 🌐	....
LOGIN 👤	....
PASSWORD 🔒	....
NOTES 📋	....

WEBSITE 🌐	....
LOGIN 👤	....
PASSWORD 🔒	....
NOTES 📋	....

WEBSITE	....
🌐	....
LOGIN	....
👤	....
PASSWORD	....
🔒	....
NOTES	....
	....
	....

WEBSITE	....
🌐	....
LOGIN	....
👤	....
PASSWORD	....
🔒	....
NOTES	....
	....
	....

WEBSITE	....
🌐	....
LOGIN	....
👤	....
PASSWORD	....
🔒	....
NOTES	....
	....
	....

WEBSITE	
⊕	....
LOGIN	
	....
PASSWORD	
🔒	....
NOTES	
	....

WEBSITE	
⊕	....
LOGIN	
	....
PASSWORD	
🔒	....
NOTES	
	....

WEBSITE	
⊕	....
LOGIN	
	....
PASSWORD	
🔒	....
NOTES	
	....

WEBSITE	
LOGIN	
PASSWORD	
NOTES	

WEBSITE	
LOGIN	
PASSWORD	
NOTES	

WEBSITE	
LOGIN	
PASSWORD	
NOTES	

WEBSITE	....
	....
LOGIN	....
	....
PASSWORD	....
	....
NOTES	....
	....
	....

WEBSITE	....
	....
LOGIN	....
	....
PASSWORD	....
	....
NOTES	....
	....
	....

WEBSITE	....
	....
LOGIN	....
	....
PASSWORD	....
	....
NOTES	....
	....
	....

WEBSITE	....
	....
LOGIN	....
	....
PASSWORD	....
	....
NOTES	....
	....
	....

WEBSITE	....
	....
LOGIN	....
	....
PASSWORD	....
	....
NOTES	....
	....
	....

WEBSITE	....
	....
LOGIN	....
	....
PASSWORD	....
	....
NOTES	....
	....
	....

WEBSITE	....
	....
LOGIN	....
	....
PASSWORD	....
	....
NOTES	....
	....
	....

WEBSITE	....
	....
LOGIN	....
	....
PASSWORD	....
	....
NOTES	....
	....
	....

WEBSITE	....
	....
LOGIN	....
	....
PASSWORD	....
	....
NOTES	....
	....
	....

WEBSITE	....
LOGIN	....
PASSWORD	....
NOTES	....

WEBSITE	....
LOGIN	....
PASSWORD	....
NOTES	....

WEBSITE	....
LOGIN	....
PASSWORD	....
NOTES	....

WEBSITE	....
LOGIN	....
PASSWORD	....
NOTES	....

WEBSITE	....
LOGIN	....
PASSWORD	....
NOTES	....

WEBSITE	....
LOGIN	....
PASSWORD	....
NOTES	....

WEBSITE	....
🌐	....
LOGIN	....
👤	....
PASSWORD	....
🔒	....
NOTES	....
📋	....
	....

WEBSITE	....
🌐	....
LOGIN	....
👤	....
PASSWORD	....
🔒	....
NOTES	....
📋	....
	....

WEBSITE	....
🌐	....
LOGIN	....
👤	....
PASSWORD	....
🔒	....
NOTES	....
📋	....
	....

WEBSITE	....
🌐	....
LOGIN	....
👤	....
PASSWORD	....
🔒	....
NOTES	....
📋	....
	....

WEBSITE	....
🌐	....
LOGIN	....
👤	....
PASSWORD	....
🔒	....
NOTES	....
📋	....
	....

WEBSITE	....
🌐	....
LOGIN	....
👤	....
PASSWORD	....
🔒	....
NOTES	....
📋	....
	....

WEBSITE	....
	....
LOGIN	....
	....
PASSWORD	....
	....
NOTES	....
	....
	....
	....

WEBSITE	....
	....
LOGIN	....
	....
PASSWORD	....
	....
NOTES	....
	....
	....

WEBSITE	....
	....
LOGIN	....
	....
PASSWORD	....
	....
NOTES	....
	....
	....

WEBSITE	
LOGIN	
PASSWORD	
NOTES	

WEBSITE	
LOGIN	
PASSWORD	
NOTES	

WEBSITE	
LOGIN	
PASSWORD	
NOTES	

WEBSITE	....
	....
LOGIN	....
	....
PASSWORD	....
	....
NOTES	....
	....
	....

WEBSITE	....
	....
LOGIN	....
	....
PASSWORD	....
	....
NOTES	....
	....
	....

WEBSITE	....
	....
LOGIN	....
	....
PASSWORD	....
	....
NOTES	....
	....
	....

WEBSITE	
LOGIN	
PASSWORD	
NOTES	

WEBSITE	
LOGIN	
PASSWORD	
NOTES	

WEBSITE	
LOGIN	
PASSWORD	
NOTES	

WEBSITE	
LOGIN	
PASSWORD	
NOTES	

WEBSITE	
LOGIN	
PASSWORD	
NOTES	

WEBSITE	
LOGIN	
PASSWORD	
NOTES	

WEBSITE 🌐	....
LOGIN 👤	....
PASSWORD 🔒	....
NOTES 📋	....

WEBSITE 🌐	....
LOGIN 👤	....
PASSWORD 🔒	....
NOTES 📋	....

WEBSITE 🌐	....
LOGIN 👤	....
PASSWORD 🔒	....
NOTES 📋	....

WEBSITE	....
	....
LOGIN	....
	....
PASSWORD	....
	....
NOTES	....
	....
	....
	....

WEBSITE	....
	....
LOGIN	....
	....
PASSWORD	....
	....
NOTES	....
	....
	....
	....

WEBSITE	....
	....
LOGIN	....
	....
PASSWORD	....
	....
NOTES	....
	....
	....
	....

WEBSITE	
LOGIN	
PASSWORD	
NOTES	

WEBSITE	
LOGIN	
PASSWORD	
NOTES	

WEBSITE	
LOGIN	
PASSWORD	
NOTES	

WEBSITE 🌐	....
LOGIN 👤	....
PASSWORD 🔒	....
NOTES 📋	....

WEBSITE 🌐	....
LOGIN 👤	....
PASSWORD 🔒	....
NOTES 📋	....

WEBSITE 🌐	....
LOGIN 👤	....
PASSWORD 🔒	....
NOTES 📋	....

WEBSITE	....
	....
LOGIN	....
	....
PASSWORD	....
	....
NOTES	....
	....
	....

WEBSITE	....
	....
LOGIN	....
	....
PASSWORD	....
	....
NOTES	....
	....
	....

WEBSITE	....
	....
LOGIN	....
	....
PASSWORD	....
	....
NOTES	....
	....
	....

WEBSITE	
LOGIN	
PASSWORD	
NOTES	

WEBSITE	
LOGIN	
PASSWORD	
NOTES	

WEBSITE	
LOGIN	
PASSWORD	
NOTES	

WEBSITE	
🌐	....
	....
LOGIN	
👤	....
	....
PASSWORD	
🔒	....
	....
NOTES	
	....
	....
	....

WEBSITE	
🌐	....
	....
LOGIN	
👤	....
	....
PASSWORD	
🔒	....
	....
NOTES	
	....
	....
	....

WEBSITE	
🌐	....
	....
LOGIN	
👤	....
	....
PASSWORD	
🔒	....
	....
NOTES	
	....
	....
	....

WEBSITE	
LOGIN	
PASSWORD	
NOTES	

WEBSITE	
LOGIN	
PASSWORD	
NOTES	

WEBSITE	
LOGIN	
PASSWORD	
NOTES	

WEBSITE	
LOGIN	
PASSWORD	
NOTES	

WEBSITE	
LOGIN	
PASSWORD	
NOTES	

WEBSITE	
LOGIN	
PASSWORD	
NOTES	

WEBSITE	....
LOGIN	....
PASSWORD	....
NOTES	....

WEBSITE	....
LOGIN	....
PASSWORD	....
NOTES	....

WEBSITE	....
LOGIN	....
PASSWORD	....
NOTES	....

WEBSITE	
LOGIN	
PASSWORD	
NOTES	

WEBSITE	
LOGIN	
PASSWORD	
NOTES	

WEBSITE	
LOGIN	
PASSWORD	
NOTES	

WEBSITE	
LOGIN	
PASSWORD	
NOTES	

WEBSITE	
LOGIN	
PASSWORD	
NOTES	

WEBSITE	
LOGIN	
PASSWORD	
NOTES	

WEBSITE 🌐	....
LOGIN	....
PASSWORD 🔒	....
NOTES	....

WEBSITE 🌐	....
LOGIN	....
PASSWORD 🔒	....
NOTES	....

WEBSITE 🌐	....
LOGIN	....
PASSWORD 🔒	....
NOTES	....

WEBSITE 🌐	....
LOGIN	....
PASSWORD 🔒	....
NOTES	....

WEBSITE 🌐	....
LOGIN	....
PASSWORD 🔒	....
NOTES	....

WEBSITE 🌐	....
LOGIN	....
PASSWORD 🔒	....
NOTES	....

WEBSITE	
LOGIN	
PASSWORD	
NOTES	

WEBSITE	
LOGIN	
PASSWORD	
NOTES	

WEBSITE	
LOGIN	
PASSWORD	
NOTES	

WEBSITE	
LOGIN	
PASSWORD	
NOTES	

WEBSITE	
LOGIN	
PASSWORD	
NOTES	

WEBSITE	
LOGIN	
PASSWORD	
NOTES	

WEBSITE	....
LOGIN	....
PASSWORD	....
NOTES	....

WEBSITE	....
LOGIN	....
PASSWORD	....
NOTES	....

WEBSITE	....
LOGIN	....
PASSWORD	....
NOTES	....

WEBSITE	....
	....
LOGIN	....
	....
PASSWORD	....
	....
NOTES	....
	....
	....

WEBSITE	....
	....
LOGIN	....
	....
PASSWORD	....
	....
NOTES	....
	....
	....

WEBSITE	....
	....
LOGIN	....
	....
PASSWORD	....
	....
NOTES	....
	....
	....

WEBSITE	
🌐	....
LOGIN	
👤	....
PASSWORD	
🔒	....
NOTES	
📋	....

WEBSITE	
🌐	....
LOGIN	
👤	....
PASSWORD	
🔒	....
NOTES	
📋	....

WEBSITE	
🌐	....
LOGIN	
👤	....
PASSWORD	
🔒	....
NOTES	
📋	....

WEBSITE 🌐	....
LOGIN	....
PASSWORD 🔒	....
NOTES	....

WEBSITE 🌐	....
LOGIN	....
PASSWORD 🔒	....
NOTES	....

WEBSITE 🌐	....
LOGIN	....
PASSWORD 🔒	....
NOTES	....

WEBSITE	....
	....
LOGIN	....
	....
PASSWORD	....
	....
NOTES	....
	....
	....

WEBSITE	....
	....
LOGIN	....
	....
PASSWORD	....
	....
NOTES	....
	....
	....

WEBSITE	....
	....
LOGIN	....
	....
PASSWORD	....
	....
NOTES	....
	....
	....

WEBSITE	
LOGIN	
PASSWORD	
NOTES	

WEBSITE	
LOGIN	
PASSWORD	
NOTES	

WEBSITE	
LOGIN	
PASSWORD	
NOTES	

WEBSITE	
LOGIN	
PASSWORD	
NOTES	

WEBSITE	
LOGIN	
PASSWORD	
NOTES	

WEBSITE	
LOGIN	
PASSWORD	
NOTES	

WEBSITE	
LOGIN	
PASSWORD	
NOTES	

WEBSITE	
LOGIN	
PASSWORD	
NOTES	

WEBSITE	
LOGIN	
PASSWORD	
NOTES	

WEBSITE 🌐	....
LOGIN	....
PASSWORD 🔒	....
NOTES	....

WEBSITE 🌐	....
LOGIN	....
PASSWORD 🔒	....
NOTES	....

WEBSITE 🌐	....
LOGIN	....
PASSWORD 🔒	....
NOTES	....

WEBSITE 🌐	....
LOGIN 👤	....
PASSWORD 🔒	....
NOTES 📋	....

WEBSITE 🌐	....
LOGIN 👤	....
PASSWORD 🔒	....
NOTES 📋	....

WEBSITE 🌐	....
LOGIN 👤	....
PASSWORD 🔒	....
NOTES 📋	....

WEBSITE	
LOGIN	
PASSWORD	
NOTES	

WEBSITE	
LOGIN	
PASSWORD	
NOTES	

WEBSITE	
LOGIN	
PASSWORD	
NOTES	

WEBSITE	
LOGIN	
PASSWORD	
NOTES	

WEBSITE	
LOGIN	
PASSWORD	
NOTES	

WEBSITE	
LOGIN	
PASSWORD	
NOTES	

WEBSITE 🌐	....
LOGIN 👤	....
PASSWORD 🔒	....
NOTES 📋	....

WEBSITE 🌐	....
LOGIN 👤	....
PASSWORD 🔒	....
NOTES 📋	....

WEBSITE 🌐	....
LOGIN 👤	....
PASSWORD 🔒	....
NOTES 📋	....

WEBSITE	....
	....
LOGIN	....
	....
PASSWORD	....
	....
NOTES	....
	....
	....

WEBSITE	....
	....
LOGIN	....
	....
PASSWORD	....
	....
NOTES	....
	....
	....

WEBSITE	....
	....
LOGIN	....
	....
PASSWORD	....
	....
NOTES	....
	....
	....

WEBSITE	
LOGIN	
PASSWORD	
NOTES	

WEBSITE	
LOGIN	
PASSWORD	
NOTES	

WEBSITE	
LOGIN	
PASSWORD	
NOTES	

WEBSITE	....
	....
LOGIN	....
	....
PASSWORD	....
	....
NOTES	....
	....
	....

WEBSITE	....
	....
LOGIN	....
	....
PASSWORD	....
	....
NOTES	....
	....
	....

WEBSITE	....
	....
LOGIN	....
	....
PASSWORD	....
	....
NOTES	....
	....
	....

WEBSITE	....
	....
LOGIN	....
	....
PASSWORD	....
	....
NOTES	....
	....
	....

WEBSITE	....
	....
LOGIN	....
	....
PASSWORD	....
	....
NOTES	....
	....
	....

WEBSITE	....
	....
LOGIN	....
	....
PASSWORD	....
	....
NOTES	....
	....
	....

WEBSITE	
LOGIN	
PASSWORD	
NOTES	

WEBSITE	
LOGIN	
PASSWORD	
NOTES	

WEBSITE	
LOGIN	
PASSWORD	
NOTES	

WEBSITE	
LOGIN	
PASSWORD	
NOTES	

WEBSITE	
LOGIN	
PASSWORD	
NOTES	

WEBSITE	
LOGIN	
PASSWORD	
NOTES	

WEBSITE	....
	....
LOGIN	....
	....
PASSWORD	....
	....
NOTES	....
	....
	....

WEBSITE	....
	....
LOGIN	....
	....
PASSWORD	....
	....
NOTES	....
	....
	....

WEBSITE	....
	....
LOGIN	....
	....
PASSWORD	....
	....
NOTES	....
	....
	....

WEBSITE	
LOGIN	
PASSWORD	
NOTES	

WEBSITE	
LOGIN	
PASSWORD	
NOTES	

WEBSITE	
LOGIN	
PASSWORD	
NOTES	

WEBSITE	....
	....
LOGIN	....
	....
PASSWORD	....
	....
NOTES	....
	....
	....

WEBSITE	....
	....
LOGIN	....
	....
PASSWORD	....
	....
NOTES	....
	....
	....

WEBSITE	....
	....
LOGIN	....
	....
PASSWORD	....
	....
NOTES	....
	....
	....

WEBSITE	
LOGIN	
PASSWORD	
NOTES	

WEBSITE	
LOGIN	
PASSWORD	
NOTES	

WEBSITE	
LOGIN	
PASSWORD	
NOTES	

WEBSITE 🌐	....
LOGIN 👤	....
PASSWORD 🔒	....
NOTES 📋	....

WEBSITE 🌐	....
LOGIN 👤	....
PASSWORD 🔒	....
NOTES 📋	....

WEBSITE 🌐	....
LOGIN 👤	....
PASSWORD 🔒	....
NOTES 📋	....

WEBSITE 🌐	....
LOGIN 👤	....
PASSWORD 🔒	....
NOTES 📋	....

WEBSITE 🌐	....
LOGIN 👤	....
PASSWORD 🔒	....
NOTES 📋	....

WEBSITE 🌐	....
LOGIN 👤	....
PASSWORD 🔒	....
NOTES 📋	....

WEBSITE	
LOGIN	
PASSWORD	
NOTES	

WEBSITE	
LOGIN	
PASSWORD	
NOTES	

WEBSITE	
LOGIN	
PASSWORD	
NOTES	

WEBSITE	
🌐	....
LOGIN	
👤	....
PASSWORD	
🔒	....
NOTES	
📋	....

WEBSITE	
🌐	....
LOGIN	
👤	....
PASSWORD	
🔒	....
NOTES	
📋	....

WEBSITE	
🌐	....
LOGIN	
👤	....
PASSWORD	
🔒	....
NOTES	
📋	....

WEBSITE	....
LOGIN	....
PASSWORD	....
NOTES	....

WEBSITE	....
LOGIN	....
PASSWORD	....
NOTES	....

WEBSITE	....
LOGIN	....
PASSWORD	....
NOTES	....

WEBSITE	
🌐	....
LOGIN	
👤	....
PASSWORD	
🔒	....
NOTES	
📋	....

WEBSITE	
🌐	....
LOGIN	
👤	....
PASSWORD	
🔒	....
NOTES	
📋	....

WEBSITE	
🌐	....
LOGIN	
👤	....
PASSWORD	
🔒	....
NOTES	
📋	....

WEBSITE	....
	....
LOGIN	....
	....
PASSWORD	....
	....
NOTES	....
	....
	....

WEBSITE	....
	....
LOGIN	....
	....
PASSWORD	....
	....
NOTES	....
	....
	....

WEBSITE	....
	....
LOGIN	....
	....
PASSWORD	....
	....
NOTES	....
	....
	....

WEBSITE	
LOGIN	
PASSWORD	
NOTES	

WEBSITE	
LOGIN	
PASSWORD	
NOTES	

WEBSITE	
LOGIN	
PASSWORD	
NOTES	

WEBSITE	....
🌐	....
LOGIN	....
👤	....
PASSWORD	....
🔒	....
NOTES	....
📋	....
	....

WEBSITE	....
🌐	....
LOGIN	....
👤	....
PASSWORD	....
🔒	....
NOTES	....
📋	....
	....

WEBSITE	....
🌐	....
LOGIN	....
👤	....
PASSWORD	....
🔒	....
NOTES	....
📋	....
	....

WEBSITE	
🌐	....
LOGIN	....
👤	....
PASSWORD	....
🔒	....
NOTES	....
	....
	....

WEBSITE	
🌐	....
LOGIN	....
👤	....
PASSWORD	....
🔒	....
NOTES	....
	....
	....

WEBSITE	
🌐	....
LOGIN	....
👤	....
PASSWORD	....
🔒	....
NOTES	....
	....
	....

WEBSITE	....
LOGIN	....
PASSWORD	....
NOTES	....

WEBSITE	....
LOGIN	....
PASSWORD	....
NOTES	....

WEBSITE	....
LOGIN	....
PASSWORD	....
NOTES	....

WEBSITE	....
LOGIN	....
PASSWORD	....
NOTES	....

WEBSITE	....
LOGIN	....
PASSWORD	....
NOTES	....

WEBSITE	....
LOGIN	....
PASSWORD	....
NOTES	....

WEBSITE	
LOGIN	
PASSWORD	
NOTES	

WEBSITE	
LOGIN	
PASSWORD	
NOTES	

WEBSITE	
LOGIN	
PASSWORD	
NOTES	

WEBSITE	
LOGIN	
PASSWORD	
NOTES	

WEBSITE	
LOGIN	
PASSWORD	
NOTES	

WEBSITE	
LOGIN	
PASSWORD	
NOTES	

WEBSITE	
	....
	....
LOGIN	....
	....
PASSWORD	....
	....
NOTES	....
	....
	....

WEBSITE	
	....
	....
LOGIN	....
	....
PASSWORD	....
	....
NOTES	....
	....
	....

WEBSITE	
	....
	....
LOGIN	....
	....
PASSWORD	....
	....
NOTES	....
	....
	....

WEBSITE	
LOGIN	
PASSWORD	
NOTES	

WEBSITE	
LOGIN	
PASSWORD	
NOTES	

WEBSITE	
LOGIN	
PASSWORD	
NOTES	

WEBSITE	
	....
LOGIN	
	....
PASSWORD	
	....
NOTES	
	....

WEBSITE	
	....
LOGIN	
	....
PASSWORD	
	....
NOTES	
	....

WEBSITE	
	....
LOGIN	
	....
PASSWORD	
	....
NOTES	
	....

WEBSITE	
🌐	....
	....
LOGIN	
👤	....
	....
PASSWORD	
🔒	....
	....
NOTES	
	....
	....
	....

WEBSITE	
🌐	....
	....
LOGIN	
👤	....
	....
PASSWORD	
🔒	....
	....
NOTES	
	....
	....
	....

WEBSITE	
🌐	....
	....
LOGIN	
👤	....
	....
PASSWORD	
🔒	....
	....
NOTES	
	....
	....
	....

WEBSITE	....
🌐	....
LOGIN	....
👤	....
PASSWORD	....
🔒	....
NOTES	....
📋	....
	....

WEBSITE	....
🌐	....
LOGIN	....
👤	....
PASSWORD	....
🔒	....
NOTES	....
📋	....
	....

WEBSITE	....
🌐	....
LOGIN	....
👤	....
PASSWORD	....
🔒	....
NOTES	....
📋	....
	....

WEBSITE	....
LOGIN	....
PASSWORD	....
NOTES	....

WEBSITE	....
LOGIN	....
PASSWORD	....
NOTES	....

WEBSITE	....
LOGIN	....
PASSWORD	....
NOTES	....

WEBSITE	
LOGIN	
PASSWORD	
NOTES	

WEBSITE	
LOGIN	
PASSWORD	
NOTES	

WEBSITE	
LOGIN	
PASSWORD	
NOTES	

WEBSITE	
LOGIN	
PASSWORD	
NOTES	

WEBSITE	
LOGIN	
PASSWORD	
NOTES	

WEBSITE	
LOGIN	
PASSWORD	
NOTES	

WEBSITE	
LOGIN	
PASSWORD	
NOTES	

WEBSITE	
LOGIN	
PASSWORD	
NOTES	

WEBSITE	
LOGIN	
PASSWORD	
NOTES	

WEBSITE	....
⊕	....
LOGIN	....
👤	....
PASSWORD	....
🔒	....
NOTES	....
📋	....
	....

WEBSITE	....
⊕	....
LOGIN	....
👤	....
PASSWORD	....
🔒	....
NOTES	....
📋	....
	....

WEBSITE	....
⊕	....
LOGIN	....
👤	....
PASSWORD	....
🔒	....
NOTES	....
📋	....
	....

WEBSITE	....
🌐	....
LOGIN	....
👤	....
PASSWORD	....
🔒	....
NOTES	....
📋	....
	....

WEBSITE	....
🌐	....
LOGIN	....
👤	....
PASSWORD	....
🔒	....
NOTES	....
📋	....
	....

WEBSITE	....
🌐	....
LOGIN	....
👤	....
PASSWORD	....
🔒	....
NOTES	....
📋	....
	....

WEBSITE	
LOGIN	
PASSWORD	
NOTES	

WEBSITE	
LOGIN	
PASSWORD	
NOTES	

WEBSITE	
LOGIN	
PASSWORD	
NOTES	

WEBSITE	....
	....
LOGIN	....
	....
PASSWORD	....
	....
NOTES	....
	....
	....

WEBSITE	....
	....
LOGIN	....
	....
PASSWORD	....
	....
NOTES	....
	....
	....

WEBSITE	....
	....
LOGIN	....
	....
PASSWORD	....
	....
NOTES	....
	....
	....

WEBSITE	
LOGIN	
PASSWORD	
NOTES	

WEBSITE	
LOGIN	
PASSWORD	
NOTES	

WEBSITE	
LOGIN	
PASSWORD	
NOTES	

WEBSITE	....
🌐	....
LOGIN	....
👤	....
PASSWORD	....
🔒	....
NOTES	....
📋	....
	....

WEBSITE	....
🌐	....
LOGIN	....
👤	....
PASSWORD	....
🔒	....
NOTES	....
📋	....
	....

WEBSITE	....
🌐	....
LOGIN	....
👤	....
PASSWORD	....
🔒	....
NOTES	....
📋	....
	....

WEBSITE	
🌐	....
LOGIN 👤	....
PASSWORD 🔒	....
NOTES 	....

WEBSITE	
🌐	....
LOGIN 👤	....
PASSWORD 🔒	....
NOTES 	....

WEBSITE	
🌐	....
LOGIN 👤	....
PASSWORD 🔒	....
NOTES 	....

WEBSITE	....
	....
LOGIN	....
	....
PASSWORD	....
	....
NOTES	....
	....
	....

WEBSITE	....
	....
LOGIN	....
	....
PASSWORD	....
	....
NOTES	....
	....
	....

WEBSITE	....
	....
LOGIN	....
	....
PASSWORD	....
	....
NOTES	....
	....
	....

WEBSITE	
LOGIN	
PASSWORD	
NOTES	

WEBSITE	
LOGIN	
PASSWORD	
NOTES	

WEBSITE	
LOGIN	
PASSWORD	
NOTES	

WEBSITE	
LOGIN	
PASSWORD	
NOTES	

WEBSITE	
LOGIN	
PASSWORD	
NOTES	

WEBSITE	
LOGIN	
PASSWORD	
NOTES	

WEBSITE	
LOGIN	
PASSWORD	
NOTES	

WEBSITE	
LOGIN	
PASSWORD	
NOTES	

WEBSITE	
LOGIN	
PASSWORD	
NOTES	

WEBSITE	
LOGIN	
PASSWORD	
NOTES	

WEBSITE	
LOGIN	
PASSWORD	
NOTES	

WEBSITE	
LOGIN	
PASSWORD	
NOTES	

WEBSITE	
LOGIN	
PASSWORD	
NOTES	

WEBSITE	
LOGIN	
PASSWORD	
NOTES	

WEBSITE	
LOGIN	
PASSWORD	
NOTES